essentials

Essentials liefern aktuelles Wissen in konzentrierter Form. Die Essenz dessen, worauf es als „State-of-the-Art" in der gegenwärtigen Fachdiskussion oder in der Praxis ankommt. *Essentials* informieren schnell, unkompliziert und verständlich

- als Einführung in ein aktuelles Thema aus Ihrem Fachgebiet
- als Einstieg in ein für Sie noch unbekanntes Themenfeld
- als Einblick, um zum Thema mitreden zu können

Die Bücher in elektronischer und gedruckter Form bringen das Fachwissen von Springerautor*innen kompakt zur Darstellung. Sie sind besonders für die Nutzung als eBook auf Tablet-PCs, eBook-Readern und Smartphones geeignet. *Essentials* sind Wissensbausteine aus den Wirtschafts-, Sozial- und Geisteswissenschaften, aus Technik und Naturwissenschaften sowie aus Medizin, Psychologie und Gesundheitsberufen. Von renommierten Autor*innen aller Springer-Verlagsmarken.

Dieter Sandner

Überlegungen zur kollektiven Psychologie der Ukraine-Krise

 Springer

Dieter Sandner
Psychologie/Klinische Psychologie und
Psychoanalyse
Universität Klagenfurt
München, Deutschland

ISSN 2197-6708   ISSN 2197-6716 (electronic)
essentials
ISBN 978-3-658-44174-6   ISBN 978-3-658-44175-3 (eBook)
https://doi.org/10.1007/978-3-658-44175-3

Die Deutsche Nationalbibliothek verzeichnet diese Publikation in der Deutschen Nationalbibliografie; detaillierte bibliografische Daten sind im Internet über http://dnb.d-nb.de abrufbar.

Planung/Lektorat: Lisa Bender
Springer ist ein Imprint der eingetragenen Gesellschaft Springer Fachmedien Wiesbaden GmbH und ist ein Teil von Springer Nature.
Die Anschrift der Gesellschaft ist: Abraham-Lincoln-Str. 46, 65189 Wiesbaden, Germany

Das Papier dieses Produkts ist recycelbar.

Was Sie in diesem *essential* finden können

- eine psychologische Fallstudie zur kollektiven Reaktion in Deutschland wenige Tage nach dem Einmarsch der Russen in die Ukraine
- es wird analysiert, wie durch politische und massenmediale Beeinflussung eine Russenphobie reaktiviert wurde
- Russland werde auch unsere freiheitlich-demokratische Ordnung angreifen, obwohl vor und nach dem Einmarsch keinerlei Anzeichen ersichtlich waren
- die Methode einer quantitativ-qualitativen psychologischen Inhaltsanalyse der öffentlichen Verlautbarungen wird auf offensichtliche Widersprüche hin angewendet
- ein Memorandum, „den Krieg mit einer Verhandlungslösung zu beenden" wird vorgestellt und diskutiert

Vorbemerkung

Ziel dieser Untersuchung ist herauszufinden, was hinter der so rasch entstandenen kollektiv psychologischen Reaktion steht, wieso aus dem Einmarsch der Russen innerhalb weniger Tage vor allem in der Bundesrepublik eine Bedrohungsvorstellung entstanden ist, die Russen wollen nicht nur die Ukraine angreifen sondern auch Deutschland und dort wie hier vor allem die freiheitlich demokratische Grundordnung zerstören. Zentraler Gegenstand der Untersuchung ist deshalb die Frage, welchen Sinn eine solche Bedrohungsvorstellung und deren Aufrechterhaltung im politischen Geschehen hat, angesichts der Tatsache dass in den letzten 30 Jahren keinerlei Anzeichen vorhanden waren, Russland würde das beabsichtigen. Nichtsdestotrotz wurde mit dieser Behauptung eine kollektive psychologische Reaktion erzeugt bzw. aktiviert, die eine ungeheure politische und auch wirtschaftliche Macht entfaltete: in wenigen Tagen wurden viele Milliarden Euro von Deutschland, der EU, der NATO und auch insbesondere der USA bereitgestellt, um die Ukraine in die Lage zu versetzen Russland aus seinem Territorium zu vertreiben und die besetzten Gebiete zurückzuerobern. Wie kam es zu dieser mächtigen kollektivpsychologischen Reaktion und welche Interessen lagen und liegen auch heute noch zugrunde? In der Untersuchung wird es auch darum gehen, welche realen heutigen Möglichkeiten vorhanden sind und auch ergriffen werden könnten oder müssten, den Krieg zu beenden und zu einer Lösung auf nicht militärischer Basis, auf diplomatischem Wege zu gelangen. Es geht hier auch darum zu klären, welche Hindernisse nach wie vor bei der dominanten kollektiv psychologischen Interpretation der Ukraine-Krise bestehen und überwunden werden müssten.

Inhaltsverzeichnis

Die kollektivpsychologische Reaktion beim Einmarsch Rußlands

Der russische Einmarsch in der Ukraine und der damit beginnende Ukraine-Krieg hat viele Menschen in Deutschland empört, große Solidarität mit den Menschen der Ukraine hervorgerufen und eine einhellige Verurteilung dieses rasch sogenannten „Angriffskrieges der Russen" erzeugt. Sofort wurden europaweit massive Sanktionen wirtschaftlicher Art gegen Russland ergriffen, um – wie es hieß – „die Kriegskasse Putins zu schwächen" und massive Unterstützung zur Stärkung der ukrainischen Verteidigungsfähigkeit gefordert und gewährt. Fast gleichzeitig wurden dann sofortige Forderungen nach einer massiven Aufrüstung Deutschlands, unter anderem mit einem rasch beschlossenen Sondervermögen von 100 Mrd. € zur Stärkung der deutschen Verteidigung beschlossen. Russland, in der Person Putins, wurde rasch als Kriegstreiber verurteilt, der nur russische Großmachtziele verfolge, die ehemalige Sowjetunion wiederherstellen wolle und vor allem die westlichen Freiheitsrechte in ganz Europa zerstören möchte. Wie Putin in der Ukraine vorgehe, könne es auch allen anderen westeuropäischen Ländern insbesondere den osteuropäischen Ländern passieren. Gegen ihn müssten sich vor allem die Länder der EU solidarisieren und durch die militärische Unterstützung der Ukraine, dieser Russland gegenüber militärisch zum Sieg verholfen werden. In der Ukraine werde auch unsere Freiheit verteidigt. Rasch kam es bundesweit, vor allem aber auch in den Massenmedien und den politischen Parteien bei jeglichen Versuchen der Analyse der Ursachen des Krieges bzw. der gesamten Ukraine-Krise zu einer kollektiven Abwertung als „Putin freundlich" bzw. „dumm pazifistisch".

Ich selbst war nicht nur über den russischen Einmarsch und dem Krieg in der Ukraine entsetzt, sondern bald, fast ebenso sehr, über eine kollektive psychologische Antwort in Deutschland, die sich rasch zu einer Art kollektiven

D. Sandner, *Überlegungen zur kollektiven Psychologie der Ukraine-Krise*, essentials, https://doi.org/10.1007/978-3-658-44175-3_1

psychologischen Phobie, einer Russenphobie gesteigert hat. Ich fragte mich, wie es zu einer so heftigen nahezu kollektiv-psychologischen Reaktion gekommen war angesichts der realen Situation seit dem Zusammenbruch der Sowjetunion 1990:

In diesem Zeitraum von über 30 Jahren gab es keinerlei Anzeichen, dass Russland sich Deutschland oder irgendeinen anderen Staat der EU einverleiben wollte. Wir hatten also im Februar 2022 keinen wirklichen psychologischen Grund anzunehmen, dass Russland das je vorhatte. Ich habe mich deshalb mit der Frage auseinandergesetzt, woher so etwas wie eine offenbar relativ leicht anzufachende „Russenphobie" kommen konnte. Denn: Empörung über den Einmarsch und den Krieg ist verständlich, aber wieso fühlen wir uns so stark bedroht, dass wir sofort massiv aufrüsten müssen und alles tun, um die Russen in der Ukraine zu besiegen?

Wenn so etwas wie die innerhalb von wenigen Wochen entstehende Überzeugung, die Russen wollten unsere freiheitlich-demokratische Ordnung zerstören und einem russisch sowjetischen Großreich einverleiben, sozusagen aus dem Nichts entstand, müsse dies einer bereits lange schon entstandenen und latent vorhandenen Überzeugung, einer kollektivpsychologischen Konstellation, in einem Großteil der deutschen Bevölkerung geschuldet sein.

Deshalb habe ich meine nachfolgenden historischen, kollektivpsychologischen Befunde zusammentragen und stelle sie hier zur Diskussion.

Entstehung der sogenannten Russenphobie

2

Für Deutschland ist nach dem Zweiten Weltkrieg psychodynamisch bzw. kollektivpsychologisch folgendes anzunehmen:

Deutschland war weitgehend zerstört und es war wohl allen Deutschen bewusst, dass die Ursache hierfür der schreckliche Krieg Hitlers war. Eigentlich hätte dies zu einer kollektiven psychologischen Depression führen müssen und man hätte Grund genug gehabt, dafür dankbar zu sein, dass für ganz Europa und eben auch für Deutschland das katastrophale Morden und Sterben zu einem Ende gekommen war. Aber die deutsche Erfahrung war, dass Russland und die übrigen Alliierten zum Schluss Deutschland angegriffen und weitgehend zerstört haben. Den westlichen Alliierten wurde weniger die Schuld gegeben, hauptsächlich den Russen, die eigentlich den militärischen Sieg über das nationalsozialistische Deutschland davongetragen haben. Aber dieser Sieg war nur möglich gewesen, indem Ostdeutschland weitgehend in Schutt und Asche gelegt wurde, denn dort hatte sich die deutsche Armee im wesentlichen gegen die Russen verschanzt und Deutschland konnte nur besiegt werden, indem die Russen dort den Sieg davon trugen. Deshalb ist es kollektiv-psychologisch verständlich, dass in Deutschland am Ende des Zweiten Weltkrieg in der deutschen Bevölkerung die weit verbreitete Vorstellung entstanden war und blieb, die Russen seien die brutalen Angreifer, die über Deutschland so viel Leid gebracht haben. Aber wieso nur die Russen und nicht auch die Westalliierten, die Westdeutschland durch ihren Bombenkrieg und ihre Angriffe im Westen Deutschlands auch weitgehend zerstört hatten?

Die Russen galten in Nazideutschland als primitive Barbaren, minderwertiges slawisches Volk, das überhaupt und speziell auch als kommunistisches Regime ausgelöscht, mindestens zu einem Sklavenvolk degradiert werden sollte. Dieses Russland hatte ab 1945 ganz Ostdeutschland erobert und besetzt und dort ein

© Der/die Autor(en), exklusiv lizenziert an Springer Fachmedien Wiesbaden GmbH, ein Teil von Springer Nature 2024
D. Sandner, *Überlegungen zur kollektiven Psychologie der Ukraine-Krise*, essentials, https://doi.org/10.1007/978-3-658-44175-3_2

kommunistisches Regime installiert gegen das nicht aufgemuckt werden durfte. Hinzu kam das unmittelbar nach dem Zweiten Weltkrieg unter den Westalliierten, insbesondere den Vereinigten Staaten, rasch die Vorstellung propagiert wurde, Russland sei für den Westen generell höchst gefährlich, es strebe die Weltherrschaft an. Dies machte es für die deutsche Bevölkerung leicht, Russland als den gemeinsamen Feind des Westens zu betrachten, was Hitler ja auch so gesehen hatte.

In dieser kollektivpsychologischen Konstellation entstand bald die Vorstellung, nicht die Deutschen, das „Großdeutsche Reich" sei schuld an den Gräueln des Krieges, sondern vielmehr das sowjetische Russland. Jedenfalls sei jetzt, 1950 klar, wer der uneingeschränkte Aggressor ist, der die ganze westliche Welt erobern will und dabei die westlichen demokratischen Werte und Freiheiten der Menschen zerstören will und wird, wenn man sich im Westen nicht zusammenschließt und mit aller Kraft wirtschaftlich und militärisch Russland im Schach hält. So entstand der kalte Krieg, der manifest bis 1990 andauerte.

Kollektivpsychologisch fand meiner Auffassung nach eine Verleugnung der eigenen Kriegsschuld und eine Verlagerung bzw. Projektion auf Russland als den einzigen Aggressor statt, dem kollektiv mit allen Mitteln „gegengehalten" werden musste (Freudenreich, 2022).

Die Vorstellung von Russland als dem alleinigen lebensbedrohlichen Aggressor, war in Deutschland zunächst nicht einfach, auszubilden und aufrecht zu erhalten. Nach dem Zweiten Weltkrieg war in allen Teilen Deutschlands zunächst die Vorstellung verbreitet, auch in Deutschland müsste ein sozialistisches, nicht aggressiv-kapitalistisches System eingeführt werden, damit es nie wieder zu einem solchen aggressiven kapitalistischen System wie in Nazi-Deutschland kommen könnte. Deshalb gab es starke Widerstände in der Bevölkerung gegen eine Wiederbewaffnung und in der SPD die politische Zielsetzung einer Vergesellschaftung wichtiger Industriezweige, d. h. eine in diesem Sinne demokratische sozialistische Gesellschaft.

Und es gab 1952 das Angebot der Sowjetunion Deutschland in einen neutralen Staat zu verwandeln und dann alle vier Besatzungszonen in einem deutschen Gesamtstaat wieder zu vereinigen. Aber dies wurde sofort sowohl von den Westalliierten als auch von der damaligen Bundesrepublik unter Adenauer abgelehnt mit der überall verbreiteten Vorstellung, Russland, die Sowjetunion, wolle auf diese Weise nur seinen Einflussbereich, vor allem auch sein kommunistisches System ausweiten. All das wolle Stalin erreichen, was ihm mit der Besetzung Ostdeutschlands 1945 noch nicht ganz geglückt ist. Das sei nicht nur für Westdeutschland, sondern auch für den ganzen Westen unannehmbar und „lebensgefährlich".

Psychoanalytisch betrachtet war sowohl die Vorstellung, Russland sei der alleinige Aggressor und auch verantwortlich für die Verringerung und Beseitigung realer westlicher kapitalistischer Systeme (siehe Osteuropa nach dem Zweiten Weltkrieg) gut anschließbar an die Vorstellung von Hitler, Russland mit seinem kommunistischen System sei das ausschließlich bedrohliche System für die kapitalistische Weltordnung. Deshalb habe er Russland angegriffen und dieses System beseitigen wollen, es sei ihm nur nicht „geglückt". Deshalb ging es im „Kalten Krieg" und danach bis heute um die Schwächung der Sowjetunion, d. h. Russlands mit allen Mitteln.

Nach 1990 schien diese Überzeugung, die in allen westlichen Industriestaaten vorhanden war, durch einen vollständigen Sieg gekrönt zu sein: die Sowjetunion löste sich auf, das verbleibende Russland war nicht mehr in der Lage dem kapitalistischen Westen etwas entgegenzusetzen. Das sozialistische System in Russland schien sich aufzulösen. Die restlichen kapitalistischen Staaten schienen sich Russland vollständig einverleiben zu können: Alle in Russland vorhandenen Ressourcen und Produktionsmöglichkeiten sowie der gesamte Markt des Riesenreiches könnten Sie sich einverleiben. Von 1990 bis 2000 waren sie wegen der Schwäche der russischen Regierung auf gutem Wege dies auch zu erreichen.

Präsidentschaft von Putin (kollektivpsychologische Reaktion)

Dann kam im Jahr 2000 Putin. Er hat den Ausverkauf, eigentlich die Ausplünderung Russlands in wenigen Jahren ein Ende bereitet und darüber hinaus Russland zu einer zu berücksichtigenden wirtschaftlichen und militärischen Nation gemacht (Bodenschätze!). Im kapitalistischen Westen entstand nicht nur massive Beunruhigung bezogen auf die Beeinträchtigung der finanzkapitalistischen und wirtschaftlichen Interessen in Russland sondern auch eine Bedrohung durch den von Putin deutlich sichtbaren „sozialistischen" Staatskapitalismus.

Deshalb hat die NATO bereits in den neunziger Jahren, also noch vor Putin, begonnen, von Anfang an sukzessive fast alle ehemaligen Staaten des „Warschauer Pakts" in die NATO aufzunehmen, d. h. das westliche Verteidigungsbündnis NATO, das immer einzig und allein gegen die Sowjetunion bzw. Russland gerichtet war, zu vergrößern. Putin hat daraufhin bereits 2001 in seiner Rede vor dem deutschen Bundestag vorgeschlagen, eine gesamteuropäische Friedensordnung unter Einbeziehung Russlands anzustreben. Er hat dabei auch betont dass sich Russland von der zunehmenden Erweiterung der NATO in seinen Sicherheitsbedürfnissen bedroht fühle (Ukrainekrieg Hintergründe, 2022).

Der Westen und vor allem auch Deutschland, hat auf diese Offerte überhaupt nicht reagiert, vielmehr im letzten noch verbliebenen Staat mit großer wirtschaftlicher und militärischer Bedeutung für Russland, der Ukraine, von 2000 an für die Entstehung eines Staates gearbeitet, der sich von Russland verselbständigt sowie politisch und wirtschaftlich abkoppelt (Ganser, 2017). Auch als in der Ukraine eine ausgesprochen westlich orientierte Regierung während der sogenannten „orangenen Revolution" im Jahre 2004 mit Juschtschenko als Präsidenten an die Macht kam, der sofort den Antrag der Ukraine für die Aufnahme in die NATO stellte, ist Russland nicht eingeschritten. Wohl auch deshalb, weil

© Der/die Autor(en), exklusiv lizenziert an Springer Fachmedien Wiesbaden GmbH, ein Teil von Springer Nature 2024
D. Sandner, *Überlegungen zur kollektiven Psychologie der Ukraine-Krise*, essentials, https://doi.org/10.1007/978-3-658-44175-3_3

die Bevölkerung der Ukraine, was die Orientierung nach west und ost anbelang, etwa gleich stark war. Das hat sich bei der nächsten Wahl auch gezeigt: 2010 wurde der ausgesprochen an Russland orientierte Janukowitsch Präsident. Er erteilte einer NATO Mitgliedschaft der Ukraine eine klare Absage. 2014 nahm er dann nicht die Offerte der EU an, enge vertragliche wirtschaftliche Verbindungen mit ihr zu vereinbaren, entschied sich vielmehr für eine Fortsetzung des bereits 1997 geschlossenen Vertrags über „Freundschaft, Zusammenarbeit und Partnerschaft" mit Russland, d. h. eine politisch enge wirtschaftliche Bindung an Russland. Sogleich kam es zu einem massiven Aufstand mit wochenlanger Belagerung des Präsidentenpalastes und der Regierungseinrichtungen vor allem der westlich orientierten Bevölkerung in der Hauptstadt Kiew sowie – wie wir heute wissen – einer politischen wie vor allem auch finanziellen Unterstützung der EU und der USA, zu einem regelrechten Putsch, die sogenannte Maidan-Revolution (di Lorenzo, 2023), mit Absetzung und Vertreibung des gewählten Präsidenten Janukowitsch. Im Vorfeld des Putsches gab es eine Vereinbarung zwischen Deutschland, Frankreich und der da noch bestehenden ukrainischen Regierung,, die ukrainische Bevölkerung über die letztendliche politische Orientierung abstimmen zu lassen, um die Massendemonstrationen und die Antwort der Regierung friedlich zu lösen. Daraufhin erfolgte der Putsch (Ukrainekrieg Hintergrund, 2022).

Russland hat rasch reagiert, weil die Putschisten ganz eindeutig für eine alleinige Orientierung an der EU, einen Beitritt in die NATO und keine Fortsetzung der vertraglichen Bindungen an Russland wollten. Dies hat auch die neue ukrainische Regierung sofort kund und zu wissen gegeben.

Für Russland bestand die Gefahr, dass die neue Regierung den russischen Flottenstützpunkt auf der Krim kündigen könnte, sofort in die NATO eintreten würde, um bei einer etwaigen militärischen Antwort Russlands das Militärbündnis NATO hinter sich zu haben. Die russische Regierung, Putin, hat daraufhin die Krim besetzt, eigentlich die schon vorhandene vertragliche militärische Präsenz auf der Krim verstärkt. Es wurde danach auf der Krim von Russland eine Volksabstimmung durchgeführt in der sich die Bevölkerung für eine Abspaltung von der Ukraine und der Angliederung an Russland aussprach. Außerdem kam es im Osten der Ukraine, die überwiegend von russischsprachigen Bewohnern bewohnt ist zu einer sezessionistischen Bewegung für eine Abspaltung von der Ukraine, die Russland unterstützte. Daraufhin wurde von der ukrainischen Regierung die ukrainische Armee mit all ihr zur Verfügung stehenden Truppen mobilisiert und die abtrünnigen Gebiete angegriffen. Es kam zu heftigen Kämpfen, zum Bürgerkrieg, mit 14.000 Toten, beginnend 2014 bis heute. Um den Bürgerkrieg zu beenden wurde 2015 unter der Obhut von Deutschland, Frankreich, der Ukraine

und Russland die sogenannte „Minsker Vereinbarung" geschlossen: sofortiger Waffenstillstand und sogleich Verhandlungen über den zukünftigen Status der sezessionistischen Gebiete mit einer gewissen Autonomie innerhalb der Ukraine. Dieser Vertrag bzw. diese Vereinbarung wurde von der ukrainischen Regierung nicht umgesetzt, wohl weil die ukrainische Regierung annahm, dass die westlichen Staaten, die EU und im Hintergrund auch die NATO auf der Seite der ukrainischen Regierung stehen würden und die Ukraine bedingungslos militärisch und politisch unterstützen würden in ihrem Kampf gegen die russischen „Okkupanten". Dazu hatte die ukrainische Regierung allen Grund, denn es wurde von Deutschland und Frankreich keinerlei Druck auf die ukrainische Führung ausgeübt, die Minsker Vereinbarung zu erfüllen. Vielmehr wurden von 2015 an massive wirtschaftliche Sanktionen gegenüber Russland geschlossen damit Russland die sezissionistischen Gebiete aufgeben sollte.

Es folgte in der Ostukraine, im Donbass von 2015–2022 ein ständiger Bürgerkrieg mit 14.000 Toten. Gleichzeitig wurde in dieser Zeit die ukrainische Armee vom Westen stark aufgerüstet und der Wunsch der Ukraine auf Aufnahme in die NATO verstärkt betrieben (Ensel, 2022).

Diese Situation hat dazu geführt, dass Russland ab Ende 2021 große Manöver mit 100.000 Soldaten an der Grenze zur Ukraine durchgeführt hat. Es hat nicht lange gedauert bis die europäischen Mitglieder der NATO, vor allem auch die USA auf den Plan getreten sind und Russland gedroht haben weitere massivste wirtschaftliche und finanzielle Sanktionen zu verhängen, wenn nur ein russischer Soldat die Grenze der Ukraine überschreiten würde, wie der amerikanische Präsident Biden es genau so sagte. Daraufhin hat Russland, Putin mit der amerikanischen Regierung verhandelt: wenn die Ukraine neutral würde und nicht der NATO beitreten würde, werde es keinen Angriff auf die Ukraine geben, ein möglicher Krieg wäre abgewendet. Die amerikanische Regierung hat das sofort vollständig abgelehnt, vielmehr gefordert Russland müsste die okkupierten Gebiete der Ukraine sofort aufgeben. Dann ist Russland am 24.02.1922 in die Ukraine einmarschiert, der sogenannte Ukraine Krieg begann. In dieser Situation gab es vonseiten der Ukraine noch eine gewisse Neigung über einen neutralen Status zu verhandeln, aber mit der Forderung, zuvor müsste Russland die „okkupierten" Gebiete verlassen und über diesen neutralen Status könnte nur das ukrainische Parlament befinden.

Kollektivpsychologisch kam es rasch vor allem in Deutschland zu einer massiven Reaktion: Russland sei der brutale Aggressor und müsste mit allen Mitteln gezwungen werden, die Ukraine zu verlassen und die ukrainische Armee in die Lage versetzt werden, den Krieg zu gewinnen Russland militärisch zu schlagen.

Hypothesen über die Entstehung der kollektivpsychologischen Überzeugung in Deutschland

Es wurde in Deutschland nach dem Zweiten Weltkrieg nie verarbeitet oder gar in der in der Öffentlichkeit betrachtet, dass Deutschland Russland angegriffen hat und wirklich zerstören wollte (Freudenreich, 2022). Die in Deutschland durchaus weitverbreitete Vorstellung der deutschen Schuld am schrecklichen Zweiten Weltkrieg wurde verdrängt bzw. musste verdrängt werden. Sie wurde überlagert von einer Projektion des deutschen Angriffskrieges auf die Russen. Wesentlich ist, dass diese Vorstellung aktuell wohl reaktiviert wurde, als Russland in der Ukraine einmarschiert ist und der Krieg begann. was immer schon seit dem Zweiten Weltkrieg vorhanden war. Die kollektivpsychologische Fantasie bzw. Überzeugung: Was Deutschland 1945 und danach angetan wurde, wird jetzt der Ukraine angetan und wird auch uns angetan werden, wenn wir die Ukraine nicht massiv mit allen Mitteln gegen Putin unterstützen, damit ihm sein brutales und aggressives Vorgehen unmöglich gemacht wird. Putin ist ein irrer Verbrecher, der für die Ausweitung seiner Machtgelüste über Leichen geht. Nicht Hitler (und mit ihm die Deutschen) war ein solcher Verbrecher, der ganz real von 1941–1945 über 20 Mio. russische Leichen ging. Wenn Putin durch unsere Unterstützung der tapferen ukrainischen Verteidigungsarmee nicht das „menschenverachtende" Handwerk gelegt wird, sind wir die nächsten, die er angreift. Deshalb müssen wir Deutschland massiv aufrüsten und Russland durch wirtschaftliche und finanzielle Sanktionen daran hindern, dass seine „Kriegskasse" weiter gefüllt wird.

Seltsamerweise ist der gesamte Westen und eben auch Deutschland nicht auf die Idee gekommen, die Krisensituation auf diplomatischem Wege anzugehen und zu lösen, d. h. eine Verhandlung über eine ukrainische Neutralität und die Behandlung sowohl der abtrünnigen Gebiete als auch des letztendlichen Status der Krim anbelangt. Warum eigentlich nicht? Auf diese Weise wäre der Krieg,

D. Sandner, *Überlegungen zur kollektiven Psychologie der Ukraine-Krise*, essentials, https://doi.org/10.1007/978-3-658-44175-3_4

die weitgehende Zerstörung der Ukraine und der Tod zehntausender ukrainischer und russischer Soldaten zu vermeiden gewesen. Warum wird das nach wie vor nicht versucht?

Anzunehmen ist, dass die im März ausgebrochen kollektive psychologische Überzeugung nicht nur durch eine Reaktivierung der 1945 entstandenen kollektivpsychologischen Überzeugung ausgelöst wurde, sondern ganz aktiv von allen Parteien durch massenpsychologische Propagandamaßnahmen erzeugt wird, wie sie von Anne Morelli in ihrem Buch „die Prinzipien der Kriegspropaganda" eingehend analysiert und geschildert wurden (Morelli, 2001). Morelli hat zehn Prinzipien herausgearbeitet, die vor und dann bei Beginn des Ukrainekrieges sozusagen bilderbuchhaft von den westlichen Regierungen und natürlich insbesondere von der Ukraine angewendet wurden:

1. Wir wollen keinen Krieg!
2. Der Gegner ist allein für den Krieg verantwortlich!
3. Der Führer des feindlichen Lagers wird dämonisiert!
4. Wir verteidigen ein edles Ziel und keine besonderen Interessen!
5. Der Feind begeht wissentlich Grausamkeiten, wenn wir Fehler machen, geschieht dies unbeabsichtigt!
6. Der Feind benutzt unerlaubte Waffen
7. Wir erleiden geringe Verluste, die Verluste des Feindes sind erheblich
8. Anerkannte Kulturträger und Wissenschaftler unterstützen unser Anliegen
9. Unser Anliegen hat etwas Heiliges
10. Wer unsere Berichterstattung (Propaganda) in Zweifel zieht, arbeitet für den Feind und ist damit ein Verräter.

Die in allen Kanälen der öffentlichen Information zur Beeinflussung der öffentlichen Meinung etablierten Institutionen haben vor allem zur aktuellen Wiederbelebung der latent vorhandenen Russenphobie beigetragen, sie erneut tiefenpsychologisch betrachtet aktiviert und installiert (Zucha, 2022). Auffallend ist hierbei, dass alle anderslautenden Informationen und Interpretationen zu den Kriegsursachen und den Zielen Putins rasch gar nicht mehr in den Massenmedien erschienen sind bzw. sofort als in „Putin freundlich" bis „pazifistisch dümmlich" abgewertet wurden bzw. überhaupt nicht gesendet wurden. Beides hat dazu geführt, dass keinerlei politische Alternativen der Verhinderung des Krieges oder auch der Lösung der Krise durch Verhandlungen „zugelassen" wurden bzw. Gehör gefunden haben. Vielmehr entstand rasch, innerhalb von Tagen (!!!) Die Vorstellung es müsse sofort und umfassend der Ukraine die militärischen Mittel

zur Verfügung gestellt werden, sich zu verteidigen – Russland zu besiegen. Diese Vorstellung schien „alternativlos".

Die Frage, wohin diese kollektive entstehende Vorstellung real führen würde, wurde nicht nur nicht gestellt, sondern das Paradigma der Selbstverteidigung als alternativloses politisches Vorgehen zunehmend in der öffentlichen Meinung und auch bei den Entscheidungen der Bundesregierung „fest gemauert". Dabei ist die Vorstellung, die Ukraine könne mit westlicher umfassender militärische Unterstützung Russland besiegen bzw. vertreiben völlig irreal und führt in jedem Fall zu vielen tausenden Toten ukrainischer und russischer Menschen und zu einer weitgehenden Zerstörung der ukrainischen Infrastruktur. Und wozu das ganze, wenn das so ist?

An dieser Stelle der Untersuchung stellt sich die Frage, wieso ist der Westen, die EU, die NATO und Deutschland nicht auf die russischen Kooperationsangebote eingegangen, die von Putin seit 2010 vorgeschlagen wurden? Wieso wurde die NATO sukzessive in Richtung Russland ausgeweitet, das Sicherheitsbündnis, das immer schon gegen Russland ausgerichtet war, und schließlich dafür gesorgt, vor allem durch den Putsch in der Ukraine 2014, den letzten bis dahin politisch eher neutralen Staat der EU und der NATO einzuverleiben? Ebenso wenig sind Deutschland USA und alle NATO Mitglieder auf die zum Teil von ihnen selbst vereinbarten Lösungen des Konflikts nach der sezissionistischen Abspaltung in der Ostukraine und der Krim durch Russland eingegangen? Wieso haben sie vielmehr dann bis 2022 in der Ukraine einen Bürgerkrieg unterstützt und beibehalten, der von Seiten der Ukraine das Ziel hatte, Russland zu vertreiben, jedenfalls aber weder die russischen Sicherheitsinteressen noch deren wirtschaftlichen und politischen Interessen in der Ukraine zu berücksichtigen?

Wieso wird die angeblich alternativlose militärische Unterstützung der Ukraine durch unsere Bundesregierung und alle Regierungen in der EU weiterbetrieben und nicht gefordert, den Krieg sofort zu beenden und die Krise durch Verhandlungen zu lösen? Was macht es für einen Sinn, die vielen Menschen zu opfern, nur damit die Ukraine ihre staatliche volle Selbstständigkeit behält und die Ukrainer zwar die vollständige politische Freiheit bewahrten und nicht auf die russischen Forderung nach Neutralität eingehen muss? Welchen Sinn macht es, diesen Krieg immer weiter zu führen?

Was haben die geschilderten Überlegungen mit Kollektivpsychologie zu tun?

5

Kollektive psychologische Konstellationen entstehen, wenn eine Gruppe, ganz gleich ob eine kleine Gruppe, eine große Gruppe oder eine ganze Gesellschaft sich kollektiv bedroht fühlt. Es entstehen dann spontan und mehr oder weniger bewusst Zusammenschlüsse der Mitglieder der Gruppe gegen den Feind von dem die Bedrohung ausgeht. Es entsteht eine Art Schutz-und Trutzbündnis (Sandner, 2022). Dabei muss es sich nicht notwendig um eine akute, aktuelle Bedrohung handeln. Eine kollektive psychologische Reaktion kann auch hervorgerufen werden, wenn in der Geschichte der Gruppe eine solche Reaktion eine reale Bedrohung entstanden ist und diese durch eine aktuelle Bedrohung, wie zum Beispiel einer anderen Gruppe, zum Beispiel der Ukraine, reaktiviert wird, wie Volkan dies mit seinem Konzept des „chosen traumas" darlegt (Volkan, 2021; Scholz, 2013).

Ein gutes Beispiel für eine solche kollektive Reaktion, die mit einer aktuellen Bedrohung nichts zu tun haben ist die kollektive spontane Reaktion in der öffentlichen Meinung Deutschland auf den Einmarsch der Russen in die Ukraine. Binnen Tagen entstand die Vorstellung, was die Russen in der Ukraine tun, ist ebenso gefährlich für Deutschland, wie auch natürlich ohnehin für die Menschen der Ukraine. Deshalb entstand sofort die Vorstellung, wir müssen die Ukraine in ihrem Abwehrkampf gegen die brutalen, kriegslüsternen Russen in jeder Hinsicht, auch militärisch unterstützen und es ermöglichen, dass die Ukrainer die angreifenden Russen zurückschlagen, sonst sind wir Deutschen als nächstes dran.

Diese kollektivpsychologischen Vorstellungen beziehungsweise Überzeugungen blieben bis heute – eineinhalb Jahre nach Beginn des Krieges – aufrecht, obwohl bislang keine Hinweise vorhanden sind, daß Russland Deutschland angreifen möchte. Wieso entstehen in dieser Lage nicht deutliche Tendenzen

© Der/die Autor(en), exklusiv lizenziert an Springer Fachmedien Wiesbaden GmbH, ein Teil von Springer Nature 2024
D. Sandner, *Überlegungen zur kollektiven Psychologie der Ukraine-Krise*, essentials, https://doi.org/10.1007/978-3-658-44175-3_5

den Krieg in der Ukraine durch Verhandlungen zu beenden, zumal offensichtlich durch eine Fortführung des Krieges die Ukraine weitgehend zerstört wird und
landesweit wirtschaftlich massive Einbrüche und soziale Verwerfungen entstehen,
nicht zu sprechen von vielen ukrainischen und russischen Toten und Kriegsver-
sehrten. Wieso kann Ukraine nicht neutral werden, was Putin vor Beginn der
Kriegshandlungen gefordert hatte?

Zu vermuten ist, dass hierbei eine weitere kollektive psychologische Überzeugung eine Rolle spielt, wonach kriegerische Angriffe nur durch Gegenangriffe zu
lösen seien, und nicht durch sofortige Verhandlungen der Krieg abzuwenden und
einen Kompromiss unter Berücksichtigung der vielleicht berechtigten Interessen
beider Seiten anzustreben sei? Die kollektive psychologische Vorstellung lautet
vielmehr, wenn ein Krieg beginne könne er nur beendet werden, indem auf dem
Schlachtfeld entschieden wird, wer der militärisch Mächtigere ist. Der bestimmt
dann, was geschehen soll, der setzt seine Interessen durch.

Kollektive psychologische Überzeugungen in einer Gesellschaft sind natürlich
nicht einfach stabil, ganz gleich wie der jeweilige Konflikt sich militärisch und
von den wechselseitigen Opfern gesehen, entwickelt. Das ist auch nach achtzehn
Monaten Krieg in der Ukraine bereits deutlich. Deshalb muss, was die dominanten kollektiven Überzeugungen angeht, ständig daran gearbeitet werden, dass es
keine Alternative gibt und ein Sieg Putins für uns alle massiv bedrohlich ist.
Deshalb muss die Vorstellung aufrechterhalten werden, dass die Russen aus der
Ukraine vertrieben werden müssen und können und wir die alleinigen Vertreter
von Frieden und Humanität sind. Russland müsse durch den Krieg so geschwächt
werden, dass es nie wieder ein Land überfallen wird und kann, auch wenn uns das
wirtschaftlich und sozial schwächt. Schließlich ist alles erst durch den russischen
Angriffskrieg entstanden und wird erst aufhören, wenn Russland dies nicht mehr
kann. Denn wir verteidigen westliche Werte wie Freiheit und Selbstbestimmung
gegen Zwang und Unterdrückung. Das sei die einzige menschliche und humane
Antwort.

Wie fadenscheinig und falsch diese Vorstellung ist wird deutlich, wenn andere
Beispiele kriegerische Auseinandersetzung aus den letzten Jahren betrachtet werden: als die USA den Irak oder auch Afghanistan mit Krieg überzogen, entstand
bei uns lediglich in Spurenelementen die Vorstellung, wir müssten den Irakern
oder den Afghanen gegen diese Angriffe beistehen. Wieso dort nicht, wieso
in der Ukraine schon? Warum werden diese Angriffe als berechtigt und ganz
selbstverständlich betrachtet, die Amerikaner weiter als human, freiheitlich und
friedfertig gesehen? Offenbar gibt es Unterschiede, was human, freiheitlich und
friedensfördernd ist.

Eine weitere kollektive psychologische Überzeugung ist: der Westen ist von Hause aus friedfertig, andere Gesellschaftsordnungen sind von Hause aus aggressiv, unterdrückend und inhuman. Eine andere Betrachtung wird als irreal, naiv und unmenschlich betrachtet, geschweige denn vernünftig diskutiert. Die westliche Betrachtung ist alternativlos, entspräche der menschlichen Natur. Warum ist das so? Warum muss es so bleiben? Welches Interesse besteht an der Aufrechthaltung der Vorstellung?

Entstehung der kollektivpschologischen Konstellation beim Ukrainekrieg (Regierungserklärung Bundeskanzler Scholz am 27.02.2022)

Aus kollektivpsychologischer Sicht reichen die bisher vorgebrachten Überlegungen bzw. Interpretationen noch nicht die ausgesprochen heftigen kollektiven psychologischen Reaktionen, eigentlich „massenpsychologischen Erregungen" zu verstehen. Auffallend ist, dass diese Reaktionen unmittelbar nach der Regierungserklärung von Bundeskanzler Schulz (eigentlich eine Rede zur Lage der Nation am 27.02.2022, d. h. genau fünf Tage nach dem Einmarsch der Russen in die Ukraine), sich wie ein Tsunami verbreitete. Es ginge dieser Rede durchwegs um die Interpretation des Sinnes des russischen Einmarsches, ohne zu fragen, wie Russland diesen Einmarsch begründet. Scholz kannte offensichtlich ganz genau den Sinn bzw. die Absicht, die Russland mit dem Einmarsch verband: es gehe darum, durch den Überfall auf ein friedlebendes Land dieses zu erobern, um es mit militärischer Gewalt dem russischen Großmachtinteresse einzuverleiben. Dies sei aber wohl nur der Anfang auch weitere westeuropäische Gebiete nach und nach zu erobern. Mit den Einmarsch in die Ukraine seien auch alle anderen europäischen Länder bedroht, was deren freiheitlich-demokratische Ordnung anbelangt und es wäre auch unsere Freiheit in Deutschland bedroht.

Es lohnt sich, zu untersuchen, was Scholz in seiner Rede gleich zu Beginn konkret gesagt hat, um zu verstehen, mit welchen psychologischen Mitteln in der Bevölkerung Deutschlands eine massenpsychologische Reaktion (wohl auch Bedrohung) entstand beziehungsweise hervorgerufen wurde:

„Sehr geehrte Frau Präsidentin!

Verehrte Kolleginnen und Kollegen!

Liebe Mitbürgerinnen und Mitbürger!

D. Sandner, *Überlegungen zur kollektiven Psychologie der Ukraine-Krise*, essentials, https://doi.org/10.1007/978-3-658-44175-3_6

Der 24. Februar 2022 markiert eine Zeitenwende in der Geschichte unseres Kontinents. Mit dem Überfall auf die Ukraine hat der russi-sche Präsident Putin kaltblütig einen Angriffskrieg vom Zaun gebrchen – aus einem einzigen Grund: Die Freiheit der Ukrainerinnen und Ukrainer stellt sein eigenes Unterdrückungsregime infrage. Das ist menschenverachtend. Das ist völkerrechtswidrig. Das ist durch nichts und niemanden zu rechtfertigen. Die schrecklichen Bilder aus Kiew, Charkiw, Odessa und Mariupol zeigen die ganze Skrupellosig-keit Putins. Die himmelschreiende Ungerechtigkeit, der Schmerz der Ukrainerinnen und Ukrainer, sie gehen uns allen sehr nah...Ich weiß genau, welche Fragen sich die Bürgerinnen und Bürger in diesen Tagen abends am Küchentisch stellen, welche Sorgen sie um-treiben angesichts der furchtbaren Nachrichten aus dem Krieg. Viele von uns haben noch die Erzählungen unserer Eltern oder Großeltern im Ohr vom Krieg, und für die Jüngeren ist es kaum fassbar: Krieg in Europa. Viele von ihnen verleihen ihrem Entsetzen Ausdruck – überall im Land, auch hier in Berlin.

Wir erleben eine Zeitenwende. Und das bedeutet: Die Welt danach ist nicht mehr dieselbe wie die Welt davor. Im Kern geht es um die Frage, ob Macht das Recht brechen darf, ob wir es Putin gestatten, die Uhren zurückzudrehen in die Zeit der Großmächte des 19. Jahrhunderts, oder ob wir die Kraft aufbringen, Kriegstreibern wie Putin Grenzen zu setzen.

Das setzt eigene Stärke voraus.

Ja, wir wollen und wir werden unsere Freiheit, unsere Demokratie und unseren Wohlstand sichern."

Scholz gibt eine umfassende, sozusagen „lückenlose" Darstellung das Handelns und der Absichten Russlands, eigentlich Putins, zu der es keine alternative Interpretation gibt und die in die Herzen und das Denken aller Deutschen gehen soll: Putin ist ein imperialistischer Verbrecher, dem mit allen Mitteln nicht nur in der Ukraine Einhalt geboten werden muss.

Es ist sehr wahrscheinlich, dass durch die Rede Bundeskanzlers nicht nur eine kollektivpsychologische Interpretation implantiert wurde, sondern auch alte, antikommunistische kollektiven Überzeugungen reaktiviert wurden und deshalb auch eine sehr starke kollektivpsychologische Überzeugung entstand.

Beides hat aber für die Aufrechterhaltung dieser Überzeugung bis heute, 18 Monate nach dem Einmarsch der Russen nicht gereicht: Es wurde rasch mit allen medialen Mitteln und tagtäglichen Erklärungen untersagt bzw. als „dümmlich – gefährlich" oder „Putin freundlich" charakterisiert, wenn die hier geschilderten psychologischen und gesellschaftlichen Zusammenhänge dargelegt wurden, die dem russischen Einmarsch vorausgegangen waren. Und es wurde vollständig unterlassen bzw. unterdrückt, welche Forderungen von Russland gestellt wurden und welche Verhandlungen gefordert, um den Krieg zu vermeiden und russische Sicherheitsinteressen berücksichtigen. Vielmehr wird bis heute

die kollektive Vorstellung aufrechterhalten, Russland führe nur einen imperialistischen Eroberungskrieg in der Ukraine, d. h. genau das, was der Bundeskanzler Scholz bereits am 27. 2020 in seiner Regierungserklärung als angeblich einzige Interpretation des russischen Einmarsch „festgestellt" hatte.

Neben der weiteren Etablierung der kollektivpsychologischen Vorstellung, Russland führe schlicht einen Eroberungskrieg gegen eine friedliche Ukraine, bestand von Anfang an die kollektivpsychologische Überzeugung dieser „Angriffskrieg" sei nur durch eine umfassende militärische Gegenwehr, sozusagen einen Gegenkrieg zu beantworten, einem Verteidigungskrieg der Ukraine unter völliger Unterstützung durch die westlichen Staaten.

Mittlerweile wird die militärische Unterstützung der Ukraine zunehmend damit begründet und in die Herzen der Menschen verankert, Russland führe einen brutalen verbrecherischen Krieg in dem die Menschenrechte nicht eingehalten werden. Fast jeden Tag gibt es in den Medien Beiträge, die zeigen, wie brutal Russland mit der Zivilbevölkerung umgeht oder gar das ukrainische Volk ausrotten möchte. Realiter zeigen diese Beiträge aber, dass die Verluste der Zivilbevölkerung im Vergleich zu den militärischen Opfern lediglich im Promillebereich sind, Russland keine Ausrottung der Zivilbevölkerung vornimmt oder beabsichtigt. Gleichzeitig wird betont es handelt sich vor allem aufseiten der Russen um einen unmenschlichen Krieg. Der Westen verteidige ja nur die Ukraine und unterstütze sie in ihrem Krieg gegen Russland, um die russische Unmenschlichkeit zu unterbinden.

Diese Vorstellung wird durch kontinuierliche massenmediale Berichte und politische Verlautbarungen und die Abwertung jedes Versuchs den unmenschlichen Krieg zu beenden, emotional kollektivpsychologisch in den Menschen ständig verstärkt und verhindert, dass nach diplomatischen Wegen über faire Verhandlungen aus dem Krieg gesucht und gehandelt wird. Dies geschieht, obwohl es solche Wege und Vorschläge gibt, wie es aktuell in einem Memorandum von vier führenden Persönlichkeiten unter anderem von General Kujat, dem ehemaligen Generalinspekteur der Bundeswehr sowie von Hans Teltschik, dem ehemaligen Leiter der Münchner Sicherheitskonferenz eindrücklich dargelegt und begründet wird (Friedenslösung, 2023).

Zur Gruppenanalyse der Ukrainekrise 7

Die hier vorgestellte Analyse der Ukraine-Krise, verwendet implizit die Methode der Analyse bzw. Interpretation des Begründers der Gruppenanalyse, Trigant Burrow. Er war der Auffassung, es sei erforderlich die Psychoanalyse zur Gruppenanalyse zu erweitern, indem die konkrete Analyse psychischer Konstellationen nicht nur vom Analytiker vorgenommen werden sollte und könnte, sondern generell in Gruppen, in denen alle Teilnehmer eine bestimmte Konstellation in der Gruppe, d. h. ein bestimmtes vorgestelltes Problem, durch gemeinsame Ermittlung der unterschiedlichen Interpretationen aller Gruppenmitglieder konsensuell herausfinden, bzw. als wahrscheinlichste Interpretation ermitteln sollten. Auf den Ukrainekrieg bezogen heißt dies, nicht schlicht den Angriff der Russen psychologisch nach der dahinter befindlichen Aggression zu betrachten, sondern gleichzeitig zu fragen, was vonseiten der Ukraine bzw. der Nato diesem Einmarsch vorausgegangen war und welche Interessen mit mehr oder weniger sichtbaren aggressiven Handlungen erfolgt waren.

Seine gruppenanalytische Methode hat Burrow nicht nur auf die psychoanalytische Klärungsarbeit in kleinen Gruppen beschränkt. Er war der Auffassung, sie könnte und müsste auch auf die psychoanalytische Klärung von Prozessen In Großgruppen bzw. ganzen Gesellschaften und Staaten Anwendung finden. Dies sei erforderlich, weil nicht nur in Kleingruppen etablierte Vorstellungen kollektiver Art vorhanden sind, die es zu analysieren gelte, sondern auch gesellschaftsweit kollektive psychologische Vorstellung unbewusst vorhanden sind, die es zu analysieren gelte. Er hat dies insbesondere, für unbedingt erforderlich gehalten, als nach dem Zweiten Weltkrieg die Anti Hitler Koalition nicht mehr gehalten hat und es rasch zu einer „Anti Russland Koalition" gekommen ist, der Westen gegen die Sowjetunion (Burrow, 1953, 1964).

D. Sandner, *Überlegungen zur kollektiven Psychologie der Ukraine-Krise*, essentials, https://doi.org/10.1007/978-3-658-44175-3_7

Bezogen auf die Ukraine-Krise liegt ja eine ähnliche Konstellation vor: Russland wird als Angreifer auf die westliche, kapitalistische Wertordnung gesehen und umgekehrt auch für Russland ist der sogenannte Westen der Angreifer. In diesem Zusammenhang ist mir deutlich geworden, dass es für eine adäquate Interpretation der Ukraine-Krise erforderlich ist, mindestens die Interpretationen „beider Seiten" ernst zu nehmen, d. h. gelten zu lassen und zu untersuchen, was jeweils die eine und die andere Seite theoretisch begründet, aber auch wechselseitig praktisch unternommen haben. Die hierbei auftretenden Widersprüche sollten analysiert werden mit dem Ziel, die latenten Interessen der jeweiligen Seite herauszufinden. Das wird in der hier vorliegenden Analyse des Konflikts versucht. Genau das wird bei einer kollektiven psychologische Analyse der realen wechselseitigen Beziehungen zwischen Russland und dem Westen bisher nicht getan. Es besteht in der allein dominierenden westlichen Interpretation durch die Abwertung der russischen Interpretation mit allen psychologischen, soziologischen und politischen „Argumenten" eine Betrachtung der russischen Seite als unwissenschaftlich zementiert und als irreal, naiv und russlandhörig in der öffentlichen Meinung wasserdicht verbreitet und immer wieder neu aufrecht erhalten. Es gehe allein um russische Machtinteressen, die Russland mit aller Brutalität durchsetzen möchte. Auf diese Weise wird jede umfassende Gruppenanalyse und Interpretation des Beziehungsgeschehens zwischen dem Westen und Russland im Unbewussten gehalten. Es bleibt unklar, wobei es in diesem internationalen Konflikt geht, welche Interessen vor allem dabei vorhanden sind und was die Handlungen der einen wie der anderen Seite für den Krieg, bedeuten. Und auch, wer an der Entstehung und jetzt an der Aufrechterhaltung des Krieges interessiert ist, angesichts von Lösungsmöglichkeiten.

Es mag überraschen, dass eine psychologische Untersuchung über die Entstehung, Implikationen und Aufrechterhaltung der zentralen „westlichen" kollektive psychologische Überzeugung wie wir sie hier versuchen eine so umfassende historische Betrachtung der gesellschaftlichen Entwicklung erfordert. Das ist erforderlich, um die psychologischen Zusammenhänge und eventuell auch Interessen herauszuarbeiten und zu verstehen die dem Krieg zugrunde liegen. Dabei ist es nötig – wie geschildert – die Widersprüche in kollektive psychologischen Vorstellungen und ihrer Begründung zu identifizieren. Insbesondere geht es darum Widersprüche herauszuarbeiten beim Versuch reale, feststellbare gesellschaftliche Prozesse zu betrachten und mit kollektivpsychologischen Vorstellungen bzw. den darin enthaltenen Interpretationsmustern zu konfrontieren. Einfach ausgedrückt: was ist real geschehen und wie wird es interpretiert.

Es ist zum Beispiel zu fragen, worum es Russland geht, und was es mit seinem Einmarsch in die Ukraine bezweckt auf dem Hintergrund der 20-jährigen

Vorgeschichte zwischen Russland der Ukraine und dem Westen. Dabei lässt sich feststellen das Russland in diesen 20 Jahren niemals die Ukraine oder ein anderes westliches angreifen wollte und dort die freiheitlich demokratische Ordnung umstürzen wollte. Die historische Analyse zeigt, dass Russland seinen Einfluss auf die Ukraine behalten möchte und immer wollte, aus eigenen wirtschaftlichen und sicherheitspolitischen Gründen. Solange Russland diese Interessen in der Ukraine wahren konnte, bestand keinerlei Tendenz die Ukraine anzugreifen. Um ihre Interessen zu sichern und es nicht zuzulassen dass die Ukraine der NATO beitritt und so unmittelbar an das russische Kernland vorrückt und den mit Russland geschlossenen Vertrag über die Flottenbasis der russischen Marine in der Krim kündigt, verlangte Russland, um den Krieg zu verhindern, dass die Ukraine neutral wäre.

Was Russland angeht sind deren Interessen deutlich sichtbar. Was die NATO angeht sind deren Interessen weniger offensichtlich, fast gar nicht. Bei einer Untersuchung der Unterstützung der Ukraine durch die NATO wird das schon sichtbarer. Wieso unterstützen die USA in dem Krieg die Ukraine bislang mit wenigstens 70 Mrd. US$ vorwiegend für Waffenlieferungen und die restlichen NATO Mitglieder mit über 60 Mrd. US$, ebenfalls vorwiegend für Waffen?

Wieso wurden massive finanzielle Sanktionen über Russland verhängt, die offensichtlich Russland überhaupt schwächen sollen. Alles dies nur, um die freiheitlich-demokratische Ordnung in der Ukraine zu erhalten?

Es geht bei der Ukraine-Krise demnach um einen Kampf um wirtschaftliche und militärische Dominanz bzw. Interessen. Das ist unser gruppenanalytisches kulturpsychologisches Ergebnis.

Ausblick: Gruppenanalyse und mögliche Lösung der Ukraine-Krise

In diesem Beitrag wird versucht, eine internationale Krise in anderer Weise psychologisch zu betrachten als es bisher regelmäßig in der Psychologie aber auch in der Psychoanalyse der Fall ist. Wie bei der Ukraine-Krise wurde und wird ganz rasch und ausschließlich auf den russischen Angreifer geblickt und dessen offensichtliche Aggression als psychische Motivation bzw. Absichten interpretiert. Was den Angriff von russischer Seite vonseiten der Ukraine vorausgegangen war, wird nicht betrachtet.

Ähnlich ist es aktuell bei der Palästina Krise: es wird nur über den sichtbaren schrecklichen Angriff der Hamas auf Israel gesprochen, aber nicht darauf was diesem Angriff in den Jahren der kriegerischen Auseinandersetzungen seit der Gründung des Staates Israel zwischen den Israeli und den Palästinensern vorausgegangen war. Aktuell gibt es in Israel auch einhellig nur Verlautbarungen, die Hamas im Gazastreifen „plattzumachen", was real heißt, wie der bisherige Fortgang des Angriffs der Israeli zeigt, Tausende Zivilisten, viele Frauen und Kinder in Gasa zu töten. Israel bringt nicht direkt sichtbar im Kampf die palästinensischen Zivilisten um, wie die Hamas bei ihrem Blutbad in Israel. Aber weniger sichtbar mit ihrem Flächenbombardement und der Verweigerung von Nahrung, Wasser und medizinischer Hilfe für 2,3 Mio. Palästinenser in Gaza. Wer ist dann der schreckliche Aggressor der zur Rechenschaf gezogen werden muss? Bei einer Dynamik „ Auge um Auge, Zahn um Zahn" ist dies nicht feststellbar, wenn ein militärisch übermächtiger Militärapparat Israels gegen vollkommen unterlegene Palästinenser eingesetzt wird und zu vielen 1000 Toten Zivilisten führt.

Bei internationalen Konflikten kommt es dann rasch dazu, ganz eindeutig festzustellen wer der Angreifer war und wer der Angegriffene ist und dies wird rasch in der jeweiligen Konfliktpartei kollektivpsychologisch und massenmedial

© Der/die Autor(en), exklusiv lizenziert an Springer Fachmedien Wiesbaden GmbH, ein Teil von Springer Nature 2024
D. Sandner, *Überlegungen zur kollektiven Psychologie der Ukraine-Krise*, essentials, https://doi.org/10.1007/978-3-658-44175-3_8

wirksam verbreitet. Warum stellt eine solche einseitige Betrachtung die einzige Möglichkeit für eine adäquate Betrachtung des Konflikts dar? Wäre es nicht an der Zeit jedenfalls beide Seiten zu betrachten und zu untersuchen, um das zugrunde liegende Konfliktpotenzial herauszufinden und zu einer nicht kriegerischen Lösung des Konflikts beizutragen?

Kollektivpsychologie und Lösung der Ukraine-Krise am Beispiel des Memorandums „den Krieg mit einem Verhandlungsfrieden beenden"

In der vorliegenden Untersuchung ist der Versuch unternommen worden, eine solche Psychologie als kollektive Psychologie herauszuarbeiten. Aber es geht ja in der Psychologie nicht nur um kollektive psychologische Vorgänge. Es geht darum ein Interpretations- und Untersuchungsmodell zu entwickeln, das im jeweiligen Konfliktfall beide Konfliktparteien berücksichtigt. Das geht aber nur,

wenn im konkreten Fall alle Betroffenen Berücksichtigung finden und sich gemeinsam um eine Lösung bemühen. Was die Ukraine-Krise anbelangt liegt ein solcher Plan für eine mögliche Beilegung des Konflikts auf dem Verhandlungsweg vor (Friedenslösung, 2023). Für die konkrete Vorgehensweise schlagen die Autoren vor:

1. Die Friedensverhandlungen beginnen am Tag X+15 unter dem Vorsitz des Uno-Generalsekretärs und/oder des Hohen Kommissars der Vereinten Nationen für Frieden und Sicherheit in der Ukraine am Sitz der Vereinten Nationen in Genf.
2. Beide Konfliktparteien bekräftigen ihre Entschlossenheit, die Verhandlungen in der festen Absicht zu führen, den Krieg zu beenden und eine dauerhafte, friedliche Regelung aller strittigen Fragen anzustreben. Sie beabsichtigen, die Schreiben Russlands an die Vereinigten Staaten und die Nato vom 17. Dezember 2021, soweit sie für die bilateralen Verhandlungen von Bedeutung sind, und das Positionspapier der Ukraine für die Verhandlungen vom 29. März 2022 zu berücksichtigen und an die Ergebnisse der Istanbul-Verhandlungen anzuknüpfen.

Die Vorschläge im einzelnen:

1. In einer ausführlichen Analyse der Entwicklung des Ukrainekrieges und der militärischen und ökonomischen Maßnahmen den Krieg zu beenden wird deutlich, dass bei der bisherigen Betrachtung und den bisherigen militärischen Maßnahmen der Krieg nicht beendet werden kann. Wohl aber das bei einer Fortführung ungeheure Verluste an Menschen, der wirtschaftlichen Infrastruktur in der Ukraine und auch der Weltwirtschaft generell entstehen. Und dies

2. der Fall,, weil durch die einseitige Berücksichtigung westlicher Interessen ohne eine Betrachtung dessen, welche Interessen Russlands vorhanden und bedroht sind, keine Lösung erfolgen kann

2. Deshalb wird im zweiten Abschnitt des Memorandums dargelegt, wie die von den Kriegsparteien geäußerten Interessen beschaffen sind. Sie werden gegenübergestellt um als Basis für einen Waffenstillstand und jeglicher Friedensverhandlungen zu dienen:

Der Krieg hätte verhindert werden können,[14] hätte der Westen einen neutralen Status der Ukraine akzeptiert – wozu Selenkskij anfangs durchaus bereit war –, auf eine Nato-Mitgliedschaft verzichtet und das Minsk II-Abkommen für Minderheitenrechte der russischsprachigen Bevölkerung durchgesetzt. Der Krieg hätte Anfang April 2022 beendet werden können, hätte der Westen den Abschluss der Istanbul-Verhandlungen zugelassen. Es liegt nun erneut und möglicherweise letztmalig in der Verantwortung des «kollektiven Westens» und insbesondere der USA, den Kurs in Richtung Waffenstillstand und Friedensverhandlungen zu setzen.

Auffallend ist hier, dass vor allem die russischen Interessen dargestellt werden. Aber die unmittelbaren Interessen des Westens Ukraine sind klar, sie beinhalten schlichtweg, dass Russland sich aus der Ukraine zurückzieht und auf seine Sicherheitsinteressen verzichtet.

Im dritten Abschnitt wird ausgeführt geführt, wie ein sofortiger Waffenstillstand unter der Obhut der UNO und entsprechenden wechselseitigen Verpflichtungen der Konfliktparteien zur Einhaltung des Waffenstillstandes geregelt werden soll:

1. Der Uno-Sicherheitsrat
   beschliesst gemäss Artikel 24 Absatz 1 der Uno-Charta im Einklang mit der ihm von den Mitgliedern übertragenen Hauptverantwortung für die Wahrung des Weltfriedens und der internationalen Sicherheit einen Zeit- und Ablaufplan für einen Waffenstillstand und für Verhandlungen zur Beendigung des Ukrainekrieges und die Wiederherstellung des Friedens,

beschliesst mit Wirkung von einem «Tag X» an einen allgemeinen und umfassenden Waffenstillstand zwischen den Kriegsparteien Russland und Ukraine. Der Waffenstillstand erfolgt ohne Ausnahme und ohne jede Einschränkung oder Sonderregelung unabhängig von der Dislozierung der gegnerischen Streitkräfte und Waffensysteme und ist in allgemeiner und umfassender Form verbindlich durchzuführen,

beauftragt einen Hohen Kommissar für Frieden und Sicherheit in der Ukraine mit der politischen Verantwortung für die Durchführung des Zeit- und Ablaufplans sowie aller vom Uno-Sicherheitsrat in diesem Zusammenhang beschlossenen Massnahmen,

beschliesst den Einsatz einer Uno-Friedenstruppe[16] nach Kapitel VII der Uno-Charta, die mit der Einhaltung und Durchsetzung des Waffenstillstands und der zwischen den Vertragsparteien vereinbarten, sicherheitsrelevanten und militärischen Massnahmen beauftragt wird,

2. Die Konfliktparteien stellen an dem vom Uno-Sicherheitsrat bestimmten Zeitpunkt («Tag X») alle Kampfhandlungen ein.
3. Ab diesem Zeitpunkt werden keine Waffen und Munition mehr an die Ukraine geliefert. Russland stellt ebenfalls die Zuführung von Waffen und Munition an seine Streitkräfte auf dem seit dem 24. Februar 2022 besetzten Territorium und der Krim ein.
4. Alle irregulären ausländischen Kräfte, Militärberater und Angehörigen von Nachrichtendiensten beider Kriegsparteien werden bis zum Tag X+10 vom ukrainischen Territorium abgezogen.
5. Im vierten Abschnitt geht es um einen differenzierten Vorschlag wie Friedensverhandlungen vonstatten gehen müssten, um zu einer friedlichen Lösung des Krieges zu führen:

Friedensverhandlungen

1. Die Friedensverhandlungen beginnen am Tag X+15 unter dem Vorsitz des Uno-Generalsekretärs und/oder des Hohen Kommissars der Vereinten Nationen für Frieden und Sicherheit in der Ukraine am Sitz der Vereinten Nationen in Genf.
2. Beide Konfliktparteien bekräftigen ihre Entschlossenheit, die Verhandlungen in der festen Absicht zu führen, den Krieg zu beenden und eine dauerhafte, friedliche Regelung aller strittigen Fragen anzustreben. Sie beabsichtigen, die Schreiben Russlands an die Vereinigten Staaten und die Nato vom 17. Dezember 2021, soweit sie für die bilateralen Verhandlungen von Bedeutung sind, und das Positionspapier der Ukraine für die Verhandlungen vom 29. März 2022 zu berücksichtigen und an die Ergebnisse der Istanbul-Verhandlungen anzuknüpfen.

3. Schließlich wird im fünften Abschnitt ausgeführt wie die Ukraine-Krise durch vertragliche Vereinbarungen gelöst werden kann, alles Gegenstand internationaler Verhandlungen mit dem Ziel zu international verbindlichen rechtlichen Vereinbarungen zu gelangen.

Da die Vorschläge des Memorandums hier nur relativ global dargelegt werden können, soll das gesamte Memorandum im Literaturverzeichnis verlinkt werden.

In dem Memorandum wird in eindrücklicher Weise deutlich, wie aus einer differenzierten gruppenanalytischen Analyse des kollektivpsychologischen Kraftfeldes der Ukraine-Krise reale Möglichkeiten der Lösung möglich werden können. Allerdings ist es erforderlich, daß beide Seiten sich auf eine solche Analyse und die entsprechenden Modalitäten des Vorgehens einlassen. Kollektivpsychologisch bedeutsam in der Ukraine-Krise ist, dass sich der Westen, die NATO generell und Deutschland im besonderen durch eine einseitige kollektivpsychologisch installierte Interpretation einer solchen Analyse der eigenen Interessen verschließen. Insbesondere aber auch eine Betrachtung und Akzeptierung realer Sicherheitsinteressen Russlands als nicht zutreffend, lediglich „putinhörig" abqualifiziern. Und darüber hinaus als für den Westen und Deutschland gefährlich betrachtet werden, weil die angebliche Bedrohung der freiheitlich-demokratischen Grundordnung im Westen durch Russland nicht ernst genommen wird und die Notwendigkeit der eigenen Verteidigungsfähigkeit geschwächt wird. Diese Sichtweise der Ukraine-Krise, als ein ausschließlich auf eine Zerstörung der freiheitlich-demokratischen Grund Ordnung in der Ukraine und auch in Europa abzielender Angriffskrieg Russlands wurde und wird bis heute, nach 18 Monaten Krieg, mit allen medialen Mitteln und politischem Sanktionsdruck auf alle anderslautenden Interpretationen aufrechterhalten. Mithilfe psychologischer Propaganda wie sie Jacques Ellul in seinem Werk „Propaganda, wie die öffentliche Meinung entsteht und geformt wird", eingehend darlegt (Ellul, 2021), wird eine kollektive psychologische Stimmung bzw. Überzeugung in der Bevölkerung weiter erzeugt und aufrechterhalten, wie dies oben am Beispiel der Regierungserklärung von Bundeskanzler Scholz fünf Tage nach Kriegsbeginn am 27. Februar 2022, exemplarisch geschildert wurde.

Wie die vorliegende kollektive psychologische Untersuchung zeigt, gibt es mithilfe einer kollektivpsychologischen und gruppenanalytischen Betrachtung der Realitäten bzw. Interessen, die im Ukraine Krieg vorhanden sind, die reale Möglichkeit den Krieg zu beenden und zu einer vertraglichen, fairen, wechselseitigen, diplomatischen Lösung der Ukraine-Krise zu gelangen. Dies könnte auf der Basis des geschilderten Memorandums erreicht werden.

Was Sie aus diesem *essential* mitnehmen können

- eine exemplarische detaillierte Fallanalyse der Entstehung einer kollektiven massenmedialen Reaktion auf den Einmarsch der Russen in die Ukraine
- eine Einführung in die Methode der quantitativ-qualitativen Inhaltsanalyse kollektiver Überzeugungen bei gesellschaftlichen Konflikten in Auseinandersetzung mit alternativen Überzeugungen
- Hilfen für wissenschaftliche kollektivpsychologische Analysen vergleichbarer kollektiver psychologischer Überzeugungen zum Beispiel beim israelisch-palästinensichen Gaza-Krieg
- Ein Angebot für eine wissenschaftlichene Auseinandersetzung bei gesellschaftlichen Konflikten mit massenmedialen politischen Manipulationen

© Der/die Herausgeber bzw. der/die Autor(en), exklusiv lizenziert an Springer Fachmedien Wiesbaden GmbH, ein Teil von Springer Nature 2024
D. Sandner, *Überlegungen zur kollektiven Psychologie der Ukraine-Krise*, essentials, https://doi.org/10.1007/978-3-658-44175-3

Literatur

Burrow, T. (1953). Our common consciousness in a common environment. In *Ders. science and man's behavior, the contribution of phylobiology* (S. 427–456) Philosophical Library.

Burror, T. (1964). Toward mans's maturity. In T. Burror (Hrsg.), *preconscious foundations of human eperience* (S. 138–152). Basic Books.

Den Krieg mit einem Behandlungsvorschlag beenden. (2023). Verhandlungsvorschlag von Prof.Peter Brandt, Prof. Hajo Funke, General a,D, Harald Kujat, Prof.Horst Teltschik, Zeitgeschehen im Fokus, Sonderausgabe 22.08. 2023. file:///C:/Users/G7/Documents/sonderausgabe-vom-28-august-2023.html.

Di Lorenzo. St. (2023). Zahn Jahre später: Die Maidan-Revolution in der Ukraine, Nach-DenkSeiten 22.11.2023. https://www.nachdenkseiten.de/?p=107076.

Europäisches Versagen und der Ukrainekrieg. (2022). https://www.nachdenkseiten.de/?p=83613.

Ellul, J. (2021). *Propaganda. Wie die öffentliche Meinung entsteht und geformt wird.* Westend.

Ensel, L. (2022). Reflexionen zum Ukrainekrieg – der Krieg fiel nicht vom Himmel. https://globalbridge.ch/reflexionen-zum-ukrainekrieg-der-krieg-fiel-nicht-vom-him.

Freudenreich, G. (2022). Der kollektive Schatten Deutschlands. Oder: Wieviel Faschismus steckt immer noch in uns Deutschen? https://www.nachdenkseiten.de/?p=81704.

Ganser, D. (2917). *Illegale Kriege, orell füsseli, Zürich, Der illegale Krieg gegen die Ukraine* (S. 250–273). orell füsseli

Heyden, U. (2022). *der längste Krieg in Europa seit 1945 Augenzeugenberichte aus dem Donbass tredition.*

Mausfeld, R. (2018). *Warum schweigen die Lämmer?* Westend.

Martin, B. (2022). Stellvertreterkrieg in der Ukraine. Auf dem Weg bleibt die Meinungsfreiheit. Soziologie heute, April 2022, 35.

Morelli, A. (2001). *die Prinzipen der Kriegspropaganda.* Verlag zu Klampen.

Sandner, D. (2022a). *Wie Angst und Aggression in der Gesellschaft entstehen.* Springer.

Sandner, D. (2022). die psychologischen Grundlagen des kollektiven Unbewußten. In D. Sandner (Hrsg.), *Wie Angst und Aggression in der Gesellschaft entstehen* (S. 19–32). Springer.

Scholz, R. (2023). Einer für alle, alle für einen – Anmerkungen zu Vamir Volkans Konzept der Großgruppenidentität. *Gruppenpsychotherapie und Gruppendynamik, 54,* 293–310.

D. Sandner, *Überlegungen zur kollektiven Psychologie der Ukraine-Krise*, essentials, https://doi.org/10.1007/978-3-658-44175-3

Volkan, S. (2001). Transgenerational transmissions and chosen traumas: An aspect of large group identity. *Group Analysis, 34*, 79–97.

Zucha, R. O. (2022). Massenpsychologische Aspekte der psychologischen Kriegsführung. *Int Ztschr Sozialpsychologie und Gruppendynamik, 47*, 28–36.

Ukrainekrieg, die Hintergründe. (2022). https://www.fr.de/politik/ukraine-krieg-hintergru ende-geschichte-russland-putin-selenskyj-invasion-angrif.

Printed in the USA
CPSIA information can be obtained
at www.ICGtesting.com
LVHW011457310324
775975LV00004B/571